Tagesplaner für

BESCHÄFTIGTE MÜTTER

Speedy Publishing LLC
40 E. Main St., #1156
Newark, DE 19711

www.SpeedyPublishing.Co

Copyright 2013
978-1-63022-608-4
Erstveröffentlichung 20. November 2013

Mein Tagesablauf

heute muss ich mich wenden...

heute muss ich tun...

hinweise

6AM

7AM

8AM

9AM

10AM

11AM

12PM

1PM

2PM

3PM

4PM

5PM

6PM

7PM

8PM

Mein Tagesablauf

heute muss ich mich wenden...

heute muss ich tun...

hinweise

6AM

7AM

8AM

9AM

10AM

11AM

12PM

1PM

2PM

3PM

4PM

5PM

6PM

7PM

8PM

Mein Tagesablauf

heute muss ich mich wenden...

heute muss ich tun...

hinweise

6AM

7AM

8AM

9AM

10AM

11AM

12PM

1PM

2PM

3PM

4PM

5PM

6PM

7PM

8PM

Mein Tagesablauf

heute muss ich mich wenden...

heute muss ich tun...

hinweise

6AM

7AM

8AM

9AM

10AM

11AM

12PM

1PM

2PM

3PM

4PM

5PM

6PM

7PM

8PM

Mein Tagesablauf

heute muss ich mich wenden...

6AM

7AM

8AM

9AM

heute muss ich tun...

10AM

11AM

12PM

1PM

hinweise

2PM

3PM

4PM

5PM

6PM

7PM

8PM

Mein Tagesablauf

heute muss ich mich wenden...

heute muss ich tun...

hinweise

6AM

7AM

8AM

9AM

10AM

11AM

12PM

1PM

2PM

3PM

4PM

5PM

6PM

7PM

8PM

Mein Tagesablauf

heute muss ich mich wenden...

heute muss ich tun...

hinweise

6AM

7AM

8AM

9AM

10AM

11AM

12PM

1PM

2PM

3PM

4PM

5PM

6PM

7PM

8PM

Mein Tagesablauf

heute muss ich mich wenden...

heute muss ich tun...

hinweise

6AM

7AM

8AM

9AM

10AM

11AM

12PM

1PM

2PM

3PM

4PM

5PM

6PM

7PM

8PM

Mein Tagesablauf

heute muss ich mich wenden...

heute muss ich tun...

hinweise

6AM

7AM

8AM

9AM

10AM

11AM

12PM

1PM

2PM

3PM

4PM

5PM

6PM

7PM

8PM

Mein Tagesablauf

heute muss ich mich wenden...

heute muss ich tun...

hinweise

6AM

7AM

8AM

9AM

10AM

11AM

12PM

1PM

2PM

3PM

4PM

5PM

6PM

7PM

8PM

Mein Tagesablauf

heute muss ich mich wenden...

_____
_____
_____
_____
_____
_____

heute muss ich tun...

_____
_____
_____
_____
_____

hinweise

_____
_____
_____
_____
_____
_____
_____
_____
_____

6AM
7AM
8AM
9AM
10AM
11AM
12PM
1PM
2PM
3PM
4PM
5PM
6PM
7PM
8PM

Mein Tagesablauf

heute muss ich mich wenden...

heute muss ich tun...

hinweise

6AM

7AM

8AM

9AM

10AM

11AM

12PM

1PM

2PM

3PM

4PM

5PM

6PM

7PM

8PM

Mein Tagesablauf

heute muss ich mich wenden...

heute muss ich tun...

hinweise

6AM

7AM

8AM

9AM

10AM

11AM

12PM

1PM

2PM

3PM

4PM

5PM

6PM

7PM

8PM

Mein Tagesablauf

heute muss ich mich wenden...

heute muss ich tun...

hinweise

6AM

7AM

8AM

9AM

10AM

11AM

12PM

1PM

2PM

3PM

4PM

5PM

6PM

7PM

8PM

Mein Tagesablauf

heute muss ich mich wenden...

_____
_____
_____

heute muss ich tun...

_____
_____
_____
_____
_____

hinweise

_____
_____
_____
_____
_____
_____

6AM
_____
_____

7AM
_____
_____

8AM
_____
_____

9AM
_____
_____

10AM
_____
_____

11AM
_____
_____

12PM
_____
_____

1PM
_____
_____

2PM
_____
_____

3PM
_____
_____

4PM
_____
_____

5PM
_____
_____

6PM
_____
_____

7PM
_____
_____

8PM
_____
_____

Mein Tagesablauf

heute muss ich mich wenden...

-
-
-
-
-
-

heute muss ich tun...

-
-
-
-
-
-

hinweise

6AM

7AM

8AM

9AM

10AM

11AM

12PM

1PM

2PM

3PM

4PM

5PM

6PM

7PM

8PM

Mein Tagesablauf

heute muss ich mich wenden...

heute muss ich tun...

hinweise

6AM

7AM

8AM

9AM

10AM

11AM

12PM

1PM

2PM

3PM

4PM

5PM

6PM

7PM

8PM

Mein Tagesablauf

heute muss ich mich wenden...

heute muss ich tun...

hinweise

- 6AM
- 7AM
- 8AM
- 9AM
- 10AM
- 11AM
- 12PM
- 1PM
- 2PM
- 3PM
- 4PM
- 5PM
- 6PM
- 7PM
- 8PM

Mein Tagesablauf

heute muss ich mich wenden...

heute muss ich tun...

hinweise

6AM

7AM

8AM

9AM

10AM

11AM

12PM

1PM

2PM

3PM

4PM

5PM

6PM

7PM

8PM

Mein Tagesablauf

heute muss ich mich wenden...

heute muss ich tun...

hinweise

6AM

7AM

8AM

9AM

10AM

11AM

12PM

1PM

2PM

3PM

4PM

5PM

6PM

7PM

8PM

Mein Tagesablauf

heute muss ich mich wenden...

heute muss ich tun...

hinweise

6AM

7AM

8AM

9AM

10AM

11AM

12PM

1PM

2PM

3PM

4PM

5PM

6PM

7PM

8PM

Mein Tagesablauf

heute muss ich mich wenden...

heute muss ich tun...

hinweise

6AM

7AM

8AM

9AM

10AM

11AM

12PM

1PM

2PM

3PM

4PM

5PM

6PM

7PM

8PM

Mein Tagesablauf

heute muss ich mich wenden...

heute muss ich tun...

hinweise

6AM

7AM

8AM

9AM

10AM

11AM

12PM

1PM

2PM

3PM

4PM

5PM

6PM

7PM

8PM

Mein Tagesablauf

heute muss ich mich wenden...

heute muss ich tun...

hinweise

6AM

7AM

8AM

9AM

10AM

11AM

12PM

1PM

2PM

3PM

4PM

5PM

6PM

7PM

8PM

Mein Tagesablauf

heute muss ich mich wenden...

heute muss ich tun...

hinweise

6AM

7AM

8AM

9AM

10AM

11AM

12PM

1PM

2PM

3PM

4PM

5PM

6PM

7PM

8PM

Mein Tagesablauf

heute muss ich mich wenden...

heute muss ich tun...

hinweise

6AM

7AM

8AM

9AM

10AM

11AM

12PM

1PM

2PM

3PM

4PM

5PM

6PM

7PM

8PM

Mein Tagesablauf

heute muss ich mich wenden...

6AM

7AM

8AM

9AM

heute muss ich tun...

10AM

11AM

12PM

1PM

hinweise

2PM

3PM

4PM

5PM

6PM

7PM

8PM

Mein Tagesablauf

heute muss ich mich wenden...

heute muss ich tun...

hinweise

6AM

7AM

8AM

9AM

10AM

11AM

12PM

1PM

2PM

3PM

4PM

5PM

6PM

7PM

8PM

Mein Tagesablauf

heute muss ich mich wenden...

heute muss ich tun...

hinweise

6AM

7AM

8AM

9AM

10AM

11AM

12PM

1PM

2PM

3PM

4PM

5PM

6PM

7PM

8PM

Mein Tagesablauf

heute muss ich mich wenden...

6AM

7AM

8AM

9AM

heute muss ich tun...

10AM

11AM

12PM

1PM

2PM

3PM

hinweise

4PM

5PM

6PM

7PM

8PM

Mein Tagesablauf

heute muss ich mich wenden...

6AM

7AM

8AM

9AM

heute muss ich tun...

10AM

11AM

12PM

1PM

2PM

3PM

hinweise

4PM

5PM

6PM

7PM

8PM

Mein Tagesablauf

das heutige datum

heute muss ich mich wenden...

heute muss ich tun...

hinweise

6AM

7AM

8AM

9AM

10AM

11AM

12PM

1PM

2PM

3PM

4PM

5PM

6PM

7PM

8PM

Mein Tagesablauf

heute muss ich mich wenden...

heute muss ich tun...

hinweise

6AM

7AM

8AM

9AM

10AM

11AM

12PM

1PM

2PM

3PM

4PM

5PM

6PM

7PM

8PM

Mein Tagesablauf

das heutige datum

heute muss ich mich wenden...

heute muss ich tun...

hinweise

6AM

7AM

8AM

9AM

10AM

11AM

12PM

1PM

2PM

3PM

4PM

5PM

6PM

7PM

8PM

Mein Tagesablauf

heute muss ich mich wenden...

heute muss ich tun...

hinweise

6AM

7AM

8AM

9AM

10AM

11AM

12PM

1PM

2PM

3PM

4PM

5PM

6PM

7PM

8PM

Mein Tagesablauf

heute muss ich mich wenden...

heute muss ich tun...

hinweise

6AM

7AM

8AM

9AM

10AM

11AM

12PM

1PM

2PM

3PM

4PM

5PM

6PM

7PM

8PM

Mein Tagesablauf

heute muss ich mich wenden...

6AM

7AM

8AM

9AM

heute muss ich tun...

10AM

11AM

12PM

1PM

2PM

3PM

hinweise

4PM

5PM

6PM

7PM

8PM

Mein Tagesablauf

heute muss ich mich wenden...

heute muss ich tun...

hinweise

6AM

7AM

8AM

9AM

10AM

11AM

12PM

1PM

2PM

3PM

4PM

5PM

6PM

7PM

8PM

Mein Tagesablauf

heute muss ich mich wenden...

6AM

7AM

8AM

9AM

heute muss ich tun...

10AM

11AM

12PM

1PM

2PM

3PM

hinweise

4PM

5PM

6PM

7PM

8PM

Mein Tagesablauf

heute muss ich mich wenden...

heute muss ich tun...

hinweise

6AM

7AM

8AM

9AM

10AM

11AM

12PM

1PM

2PM

3PM

4PM

5PM

6PM

7PM

8PM

Mein Tagesablauf

heute muss ich mich wenden...

heute muss ich tun...

hinweise

6AM

7AM

8AM

9AM

10AM

11AM

12PM

1PM

2PM

3PM

4PM

5PM

6PM

7PM

8PM

Mein Tagesablauf

heute muss ich mich wenden...

heute muss ich tun...

hinweise

6AM

7AM

8AM

9AM

10AM

11AM

12PM

1PM

2PM

3PM

4PM

5PM

6PM

7PM

8PM

Mein Tagesablauf

heute muss ich mich wenden...

heute muss ich tun...

hinweise

6AM

7AM

8AM

9AM

10AM

11AM

12PM

1PM

2PM

3PM

4PM

5PM

6PM

7PM

8PM

Mein Tagesablauf

heute muss ich mich wenden...

- 6AM
- 7AM
- 8AM
- 9AM
- 10AM
- 11AM
- 12PM

heute muss ich tun...

- 1PM
- 2PM
- 3PM
- 4PM

hinweise

- 5PM
- 6PM
- 7PM
- 8PM

Mein Tagesablauf

heute muss ich mich wenden...

heute muss ich tun...

hinweise

6AM

7AM

8AM

9AM

10AM

11AM

12PM

1PM

2PM

3PM

4PM

5PM

6PM

7PM

8PM

Mein Tagesablauf

heute muss ich mich wenden...

heute muss ich tun...

hinweise

6AM

7AM

8AM

9AM

10AM

11AM

12PM

1PM

2PM

3PM

4PM

5PM

6PM

7PM

8PM

Mein Tagesablauf

heute muss ich mich wenden...

6AM

7AM

8AM

9AM

heute muss ich tun...

10AM

11AM

12PM

1PM

2PM

3PM

4PM

hinweise

5PM

6PM

7PM

8PM

Mein Tagesablauf

heute muss ich mich wenden...

6AM

7AM

8AM

9AM

heute muss ich tun...

10AM

11AM

12PM

1PM

2PM

hinweise

3PM

4PM

5PM

6PM

7PM

8PM

Mein Tagesablauf

das heutige datum

heute muss ich mich wenden...

6AM

7AM

8AM

9AM

heute muss ich tun...

10AM

11AM

12PM

1PM

2PM

hinweise

3PM

4PM

5PM

6PM

7PM

8PM

Mein Tagesablauf

heute muss ich mich wenden...

heute muss ich tun...

hinweise

6AM

7AM

8AM

9AM

10AM

11AM

12PM

1PM

2PM

3PM

4PM

5PM

6PM

7PM

8PM

www.ingramcontent.com/pod-product-compliance
Lightning Source LLC
Chambersburg PA
CBHW081230170526
45165CB00009B/3021